BEI GRIN MACHT SICH IHR WISSEN BEZAHLT

AF144505

- Wir veröffentlichen Ihre Hausarbeit,
  Bachelor- und Masterarbeit

- Ihr eigenes eBook und Buch -
  weltweit in allen wichtigen Shops

- Verdienen Sie an jedem Verkauf

Jetzt bei www.GRIN.com hochladen
und kostenlos publizieren

Bibliografische Information der Deutschen Nationalbibliothek:

Die Deutsche Bibliothek verzeichnet diese Publikation in der Deutschen National-
bibliografie; detaillierte bibliografische Daten sind im Internet über http://dnb.d-
nb.de/ abrufbar.

Impressum:

Copyright © 2015 GRIN Verlag, Open Publishing GmbH
Druck und Bindung: Books on Demand GmbH, Norderstedt Germany
ISBN: 9783668003743

Dieses Buch bei GRIN:

http://www.grin.com/de/e-book/301265/vegetarismus-in-deutschland-vegetarismus-
studie-der-universitaet-jena-und

Konrad Altmann

Vegetarismus in Deutschland. Vegetarismusstudie der Universität Jena und Buchvorstellung von Karen Duves "Anständig Essen"

GRIN Verlag

Friedrich-Schiller-Universität Jena

Lehrstuhl für Religionswissenschaft

Seminar: Buddhistische Glaubenspraktiken – Ein Überblick

WS 2014/2015

Verschriftlichung des Referats „Vegetarismus in Deutschland"

Wilhelm Konrad Altmann

Religionswissenschaft B.A. Ergänzungsfach

1. Fachsemester

Inhaltsverzeichnis

1. Einleitung

Fleisch Essen – eine für viele Menschen gewöhnliche, alltägliche Praxis, die oft nicht weiter hinterfragt wird. Jedoch ist es unbestreitbar, dass für den Fleischverzehr Tiere leiden und sterben müssen. Aus buddhistischer Sicht ist dies also oftmals nicht mit der allumfassenden Güte, die alle Lebewesen einschließt, vereinbar. Durch den Kauf und anschließenden Verzehr von Fleisch wird indirekt Leid verursacht, man unterstützt das Töten der Tiere. Somit ist der Vegetarismus eine im Buddhismus häufig vorzufindende Praxis. Doch auch in Deutschland, wo der Buddhismus, verglichen mit anderen Religionen wie dem Christentum, kaum Einfluss ausübt, gibt es Menschen, die bewusst auf das Fleisch Essen verzichten. In der vorliegenden schriftlichen Ausarbeitung soll näher auf dieses Phänomen eingegangen werden. Dazu werden die verschiedenen Formen des Vegetarismus erläutert und die Ergebnisse der Vegetarierstudie der Friedrich-Schiller-Universität Jena dargestellt. Des Weiteren liegt der Fokus dieses verschriftlichten Referats stark auf den Inhalten des Buches „Anständig Essen" von Karen Duve, durch welches die verschiedenen Formen des Vegetarismus, in der Praxis umgesetzt, dargestellt werden.

2. Formen des Vegetarismus

Im Allgemeinen bezeichnet man Menschen, die auf Fleisch, Fisch und Meeresfrüchte verzichten, als Vegetarier, doch mit verschiedenen Bezeichnungen werden auch unterschiedliche Ernährungstypen innerhalb des vegetarischen Spektrums unterschieden. So kann man den „typischen" Vegetarier, der trotz des Fleischverzichts Eier, Milch und daraus erzeugte Produkte zu sich nimmt, als Ovo-Lacto-Vegetarier bezeichnen. Tritt dazu zusätzlich noch der Verzicht auf Eier auf, so spricht man von einem Lacto-Vegetarier. Als Veganer verzichtet man weiterhin auf den Verzehr sämtlicher tierischer Produkte, also Fisch, Fleisch, Meeresfrüchte, Eier- und Milchprodukte und Honig. Auch außerhalb ihrer Ernährung werden tierische Produkte, wie Pelz oder Leder, von Veganern abgelehnt. Eine besonders ungewöhnliche Form des Vegetarismus ist der Frutarismus (auch die Begriffe Fructanismus und Fruganismus werden hierfür verwendet): es werden hierbei nur Pflanzenteile, die man nehmen kann, ohne der Pflanze zu schaden, verzehrt, also Früchte, Nüsse und Samen.[1] Auf die Gründe für verschiedene Ernährungsformen des vegetarischen Spektrums und praktische

---

[1] Vgl. http://www.ernaehrung.de/tipps/Vegetarismus/vegetarismus10.php.

Erfahrungen mit diesen, wird im Rahmen der Buchvorstellung genauer eingegangen werden.

3. Ergebnisse der Vegetarierstudie der Universität Jena

Die folgenden Informationen sind aus der Vegetarierstudie der Friedrich-Schiller-Universität Jena, im Internet zu finden unter www.vegetarierstudie.uni-jena.de, entnommen. Etwa 4000 Vegetarier wurden hierzu online befragt. Ausgewertet wurden dabei die Angaben, die bis zum Januar 2007 gemacht wurden, was sich auf 2517 Teilnehmer beläuft; die Auswertung wird aber weiterhin fortgesetzt. Die gewonnenen Daten werden zum einen in Form von Kreis-, zum anderen in Form von Säulendiagrammen dargestellt.

Der durchschnittliche Teilnehmer ist weiblich, was auf 70 Prozent der Teilnehmer zutrifft, jung, überdurchschnittlich gebildet und lebt in einer Großstadt. Es wurden Personen im Alter von 10 bis 91 Jahren befragt. Hierbei kam heraus, dass über 40 Prozent der Teilnehmer zum Zeitpunkt der Befragung zwischen 20 und 29 Jahre alt waren und man in dieser Altersgruppe somit die mit Abstand meisten Vegetarier finden kann. Mit steigendem Alter sinkt die Anzahl kontinuierlich. 92 Prozent der Teilnehmer sind Deutsche, alle Bundesländer wurden berücksichtigt. Die restlichen 8 Prozent kommen aus Österreich und der Schweiz.

Auffallend ist die überdurchschnittliche Bildung der Vegetarier: 29 Prozent besitzen einen Hochschulabschluss, 23 verfolgen zur Zeit der Befragung ein Studium, 23 besitzen Abitur, hingegen beläuft sich die Menge der Hauptschüler auf nur 3 Prozent. Knapp über die Hälfte der Vegetarier besitzt keine Religionszugehörigkeit, nämlich 52 Prozent. Ansonsten verhält es sich hierbei wie in Deutschland allgemein üblich: Wer einer Religion angehört, ist meist evangelischer (23 Prozent) oder katholischer Christ (17 Prozent). Andere Konfessionen sind kaum vertreten. Der Buddhismus macht beispielsweise nur 2 Prozent in der Gesamtheit der Befragten aus.

Der meistgenannte Grund, Vegetarier zu werden, ist der Unmut über die Zustände der Massentierhaltung. Andere Gründe besitzen aber auch Überschneidungen mit diesem, wie die Zustände bei Tiertransporten und bei der Schlachtung, oder Moral und Ethik im Allgemeinen. So fassen Moral und Ethik im Allgemeinen die beiden erstgenannten Gründe eher zusammen, statt sich von diesen abzugrenzen. Die meistgenannten Gründe lassen sich also am ehesten einfach als Moral und Ethik in Bezug auf den Umgang mit den Tieren zusammenfassen. Davon abzugrenzen und in der Gesamtheit weitaus weniger vertreten sind gesundheitliche Gründe, eine eigene Krankheit oder der Wunsch abzunehmen.

Demzufolge ist eine Einteilung der Gründe in drei Gruppen möglich: die der moralischen Vegetarier (63 Prozent), die der Gesundheitsvegetarier (20 Prozent) und die der emotionalen Vegetarier (11 Prozent). Die ersten beiden Gruppen entsprechen den im vorhergehenden Absatz beschriebenen jeweiligen Gründen und mit emotionalen Vegetariern sind solche gemeint, die einfach Ekel vor Fleisch empfinden und es deshalb nicht essen. Des Weiteren konnten 6 Prozent der Befragten keine Aussage mehr über die genauen Gründe, Vegetarier zu werden, treffen. Die Nennung der Gründe ist bei Männern und Frauen zum Großteil ähnlich verteilt; Frauen nennen etwas öfter moralische und emotionale Gründe, Männer öfter gesundheitliche, jedoch nicht mit mehr als jeweils ungefähr 10 Prozent Unterschied.

Das Durchschnittsalter der einzelnen Gruppen weißt Unterschiede auf: Bei Gesundheitsvegetariern beträgt es 36 Jahre, bei moralischen 30 Jahre und bei emotionalen 28 Jahre. Ein ähnliches Muster zeigt sich, wenn man betrachtet, wann durchschnittlich mit der vegetarischen Ernährung begonnen wurde: Die Reihenfolge bleibt gleich, die „Einstiegsjahre" sind 28, 21 und 18 Jahre.

Moralische Vegetarier weiten ihren Lebensstil öfter weiter auf den Verzicht anderer tierischer Produkte aus, bei Gesundheits- und emotionalen Vegetariern gibt es hier hingegen keinen nennenswerten Unterschied. Anders verteilt es sich bei der Vorstellung, einmal wieder Fleisch zu essen: Hier sind es am ehesten die Gesundheitsvegetarier, die sich dies vorstellen können und bei den anderen beiden Gruppen gibt es keinen großen Unterschied. Von allen Gruppen wird angegeben, dass ihnen Fleisch allgemein nicht schmeckt. Bei Gesundheitsvegetariern ist der Ekel Fleisch zu essen, zuzubereiten und zu betrachten geringer. In anderen Situationen, wie beispielsweise auch wenn es um verdorbene Lebensmittel geht, lassen sich allerdings kaum Unterschiede unter den einzelnen Gruppen feststellen. Der Ekel ist somit also nur spezifisch für Fleisch und kein „genereller Ekel" vor verschiedenen Dingen. Nur bei emotionalen Vegetariern ist dieser Wert minimal höher.

4. Buchvorstellung Karen Duve – „Anständig Essen"

4.1 Einführung

In diesem Buch geht es im Wesentlichen darum, dass die Autorin, die 1961 in Hamburg geboren wurde und diverse Bestseller-Romane schrieb[2], einen Selbstversuch zu verschiedenen Ernährungs- und Lebensweisen ausübt. Sie nimmt sich vor, jeweils zwei Monate lang ausschließlich Bio-Lebensmittel zu konsumieren, vegetarisch, vegan und frutarisch zu leben.[3] Die Autorin aß ihr vorheriges Leben lang alles ohne groß darüber nachzudenken und wird letztendlich von ihrer Mitbewohnerin, der sie in Anlehnung an das personifizierte Gewissen in Pinocchio den Namen Giminy Grille gibt, zum Umdenken bewegt. Besagte Mitbewohnerin äußert, dass sie sehr selten Fleisch isst und bezeichnet Fleisch aus Massentierhaltung als „Qualfleisch".[4] Karen Duves Reaktion hierauf zeigt, dass ihr die Herkunft des Fleisches durchaus bewusst ist, sie dies aber vorher immer weitestgehend ignoriert hat: „Richtig. Irgendwo weit draußen an der Peripherie meines Bewusstseins wusste ich, dass die Bedingungen unter denen dieses Huhn einmal gelebt hatte, wohl eher unerfreulich waren."[5]

Durch die darauf folgende weitere Auseinandersetzung mit dem Thema entsteht die Idee zum Selbstexperiment im Verbund mit einem guten Vorsatz für das neue Jahr.[6] Dabei geht es der Autorin explizit nicht um ihre eigene Gesundheit, sondern um Moral und Ethik. Ein Arztbesuch, bei dem der Arzt dies genau umgekehrt auffasst, verdeutlicht dies.[7]

4.2 Ausschließlicher Konsum von Bio-Lebensmitteln

Für jeden Monat setzt sich die Autorin neue Vorgaben. Im Januar sind diese, dass sie nur Produkte mit Bio-Siegel oder bei denen ihr die Produktionsbedingungen bekannt sind, zu sich nehmen darf. Als Beispiel für bekannte Bedingungen nennt sie die selbstangebauten Kartoffeln des Nachbars. Wird sie zum Essen eingeladen oder besucht sie ein Restaurant muss sie nicht auf das Siegel achten, darf aber in diesen Fällen keinesfalls Fleisch oder Fisch verzehren.[8]

---

[2] Vgl. Duve, 2012, S. 2.
[3] Vgl. ebd., S. 2.
[4] Vgl. ebd., S. 7f.
[5] Ebd., S. 8.
[6] Vgl. ebd., S. 15.
[7] Vgl. ebd., S. 16f.
[8] Vgl. ebd., S. 26.

Im weiteren Verlauf des Buches werden Mahlzeiten, Einkäufe, Gespräche mit der Mitbewohnerin und Fakten zur Produktion der Lebensmittel genannt und beschrieben. Dies geschieht oft ziemlich selbstironisch, was sich über das gesamte Buch hinweg fortsetzt. Dabei gelangt die Autorin auch ab und zu an Punkte, die ihr an der jeweiligen Lebensweise zu jenem Zeitpunkt unverständlich erscheinen. So fällt dies beispielsweise bereits bei der ersten beschriebenen Mahlzeit auf. Es handelt sich um ein Frühstück mit Roggenbrötchen, Butter, Käse, Marmelade und Paprika-Streich (ein Aufstrich), die alle fair gehandelt wurden.[9] Dazu liest Karen Duve in einer Zeitschrift zur Bio-Ernährung, die sich „Schrot und Korn" nennt, wobei nicht alle Punkte in einer Auflistung der Argumente für diese Ernährung, für sie überzeugend klingen.[10]

Es treten erste Probleme auf: Die selbstgemachte Marmelade der Nachbarin enthält herkömmlichen Zucker, woraus sich eine kleine Diskussion zwischen Karen Duve und der Mitbewohnerin „Giminy Grille" ergibt, ob es denn überhaupt jemanden gäbe, der sich ausschließlich nur mit Produkten, die das Bio-Siegel tragen, ernährt.[11] Die Autorin gelangt zu der Annahme, dass es vielen Leuten bei dieser Art der Ernährung eher um die eigene Gesundheit statt um Moral und Ethik geht.[12] Von allen Ernährungsformen mit moralischem Anspruch wird diese als diejenige bezeichnet, welche den eigenen Ansprüchen am ehesten entgegen kommt, da es von nahezu jedem Produkt eine Bio-Variante gibt.[13]

Da der nächste Bio-Laden weit entfernt liegt und die Autorin diese Strecke unter den herrschenden schlechten Wetterbedingungen nicht antreten möchte, bezieht sie ihre Lebensmittel vorerst aus dem Angebot der Supermärkte.[14] Die Auswahl schätzt sie auf den ersten Blick als überraschend vielfältig ein; Rewe und Edeka verfügen über eigene Bio-Regale, bei Lidl sind die Produkte über die ganze Filiale verteilt, jedoch handelt es sich nach dem Geschmack von Karen Duve meist auch um die am unappetitlichsten wirkenden Produkte in der jeweiligen Sparte.[15]

Etwas später erfolgt dann doch der Besuch eines Bio-Ladens, nämlich der Bio-Company in Berlin. Das Angebot empfindet die Autorin als „übersichtlich und

---

[9] Vgl. ebd.
[10] Vgl. ebd., S. 26f.
[11] Vgl. ebd., S. 30f.
[12] Vgl. ebd., S. 31.
[13] Vgl. ebd.
[14] Vgl. ebd.
[15] Vgl. ebd., S. 31f.

kultiviert".[16] Die Preise sind relativ hoch, vor allem bei eher ungesunden Produkten wie Kuchen oder Fleisch.[17] Die nach dem Einkauf getätigten geschmacklichen Tests fallen teils positiv, wie beim Fleisch[18], und teils negativ, wie bei der Cola[19], aus; eine allgemeine Tendenz ist also nicht erkennbar.

Für den Monat Februar nimmt sich die Autorin vor, ausschließlich in Bio-Läden einzukaufen.[20] Da aber beispielsweise Bio-Eier letzten Endes auch aus Massentierhaltung stammen, ist diese Art der Ernährung für sie moralisch nicht zufriedenstellend.[21] Die Haltungsbedingungen der Tiere sind im Vergleich zu herkömmlichen Produkten ohne Bio-Siegel zwar etwas besser, jedoch sind die Hersteller und Verkäufer auch weiterhin darauf angewiesen, alles so billig wie möglich zu halten und sich an konventionelle Haltungsmethoden anzulehnen.[22]

Karen Duves Fazit nach zwei Monaten Bio-Ernährung lautet dementsprechend, dass die zugehörige Tierhaltung ihren moralischen Ansprüchen nicht gerecht wird. Vor allem bei Fleisch sieht sie einen Widerspruch: Sie bemängelt, dass es unlogisch sei, dass man Tiere zum Verzehr tötet, obwohl man darauf bedacht ist, ihnen ein einigermaßen angenehmes Leben zu ermöglichen.[23]

4.3 Vegetarisch

Für die Monate März und April lautet die Vorgabe, komplett auf Fleisch und Fisch zu verzichten.[24] Hinzu kommt noch der Aspekt, keine gelatinehaltigen Produkte zu konsumieren, da Gelatine beispielsweise aus Rinderhaut oder toten Fischen besteht.[25] Die Lebensmittel werden weiterhin hauptsächlich in der Bio-Company gekauft, obwohl dies nicht Teil der Vorgabe ist. Der Grund dafür ist, dass die Autorin von der Grundanständigkeit bei der Herstellung und mittlerweile auch vom Geschmack vieler Produkte überzeugt ist.[26] Fleischersatzprodukte konsumiert sie kaum, da dies nach

---

[16] Ebd., S. 34.
[17] Vgl. ebd., S. 34f.
[18] Vgl. ebd., S. 68.
[19] Vgl. ebd., S. 36.
[20] Vgl. ebd., S. 67.
[21] Vgl. ebd., S. 74.
[22] Vgl. ebd., S. 75.
[23] Vgl. ebd., S. 85.
[24] Vgl. ebd., S. 100, 125.
[25] Vgl. ebd., S. 102.
[26] Vgl. ebd., S. 101.

ihrem Empfinden nicht das sein könne, was die vegetarische Küche ausmacht.[27] Die Ernährungsumstellung fällt ihr relativ leicht.[28]

Die Autorin versucht mit verschiedenen Großschlachtereien Kontakt aufzunehmen, um diese besichtigen und sich ein besseres Bild von der Tierhaltung und –Schlachtung machen zu können. Hierbei werden ihre Anfragen allerdings immer wieder abgelehnt. Ihr wird immer wieder geraten, noch einmal an einem anderen Tag anzurufen oder eine E-Mail zu schreiben, was letztendlich zu keinem Ergebnis führt.[29] Eine weitere Kontaktaufnahme bleibt ihr somit verwehrt. Die Autorin kommentiert diesen Umstand mit einem, sich durch ihre vergebenen Mühen bejahenden, Zitat: „Paul McCartney glaubt, wenn die Wände der Schlachthöfe aus Glas wären, würde niemand mehr Fleisch essen."[30] So werden etwa 200.000 Rinder pro Jahr vor der Schlachtung nicht ausreichend betäubt[31] und 500.000 Schweine wachen pro Jahr in einem Brühbad wieder von ihrer Bewusstlosigkeit auf und erleiden dadurch Qualen.[32] Diese Zustände ließen sich durch Kontrollen eindämmen, diese würden jedoch Kosten verursachen und so wird nichts unternommen. Die Autorin weist darauf hin, dass der deutsche Bundesbürger im Durchschnitt 60 bis 88 Kilogramm Fleisch pro Jahr zu sich nimmt und möchte damit andeuten, dass eine einfache Lösung gegen die Zustände in den Schlachthöfen wäre, weniger oder kein Fleisch zu essen.[33] Verglichen mit der Bio-Ernährung vorher findet die Autorin die vegetarische Ernährung also moralisch konsequenter und ansprechender.

4.4 Vegan

Die ursprünglich geplanten folgenden zwei Monate, die Karen Duve vegan leben möchte, weitet sie auf vier Monate aus, da sie hierbei nicht nur auf ihre Ernährung achtet, sondern beispielsweise auch auf ihre Kleidung, wodurch ein großer Aufwand entsteht. In zwei Monaten würde sie es vermutlich nicht schaffen, ihre komplette Lebensumgebung den veganen Ansprüchen entsprechend, also komplett ohne tierische Produkte, umzustellen, somit lebt sie von Mai bis August vegan, mit immer weniger Ausnahmen.[34] Die Autorin erklärt die Erweiterung von der Ernährung auf den kompletten Lebensstil damit, dass Tiere zum Objekt degradiert werden, wenn man

---

[27] Vgl. ebd., S. 100.
[28] Vgl. ebd., S. 103.
[29] Vgl. ebd., S. 116.
[30] Ebd.
[31] Vgl. ebd., S. 126.
[32] Vgl. ebd., S. 128.
[33] Vgl. ebd.
[34] Vgl. ebd., S. 152.

beispielsweise Lederartikel trägt.[35] Ein weiteres Beispiel ist das Rupfen von Gänsefedern für Daunendecken, das sie als sehr grausam beschreibt.[36]

Es erfolgt der Einkauf in einem Geschäft, das nur vegane Lebensmittel und Bekleidung anbietet. Die Artikel sind sehr teuer im Vergleich zu den herkömmlichen Varianten, jedoch empfindet die Autorin den Einkauf auch als recht bequem, da man nicht immer erst prüfen muss, ob das gewünschte Produkt vegan ist.[37]

Weiterhin besucht Karen Duve den „Hof Butenland". Dieser entspricht der veganen Lebensweise, da die hier lebenden Tiere nicht gemolken, geschlachtet oder gemästet werden. Es handelt sich um eine Tierschutzstiftung, die über Spenden und Kuh-Patenschaften" finanziert wird; ursprünglich war der Hof ein gewöhnlicher Schlachthof, jedoch war dies nach einiger Zeit für den Besitzer moralisch nicht mehr tragbar und nun können die Tiere dort ohne Ausbeutung leben.[38]

Vor allem im Umgang mit ihren Katzen und Pferden ist die Autorin sich unsicher inwiefern der Umgang mit diesen dem veganen Standpunkt gerecht werden kann. Die Katzen bekommen veganes Katzenfutter unter ihr herkömmliches Dosenfutter gemischt, aber essen davon nur das gewohnte, nicht-vegane Futter.[39] In diesem Kontext kommt sogar die Frage auf, ob die Autorin nun dadurch ihre eigenen Tiere quält: „Jetzt hält man mich für einen Katzenquäler, weil ich keine Rinder und Schweine quälen will."[40] In Bezug zu den Pferden stellt sie sich wiederum die Frage, ob es sich bei ihrem Hobby, dem Reiten, um Tierquälerei handelt. Sie beschließt aufgrund ihrer Zweifel, während ihrer veganen Phase nicht zu reiten.[41]

Mit der Zeit gelingt es der Autorin besser und schneller, in gewöhnlichen Supermärkten einzukaufen, auch dank Internetlisten, die angeben, welche veganen Lebensmittel es in welchem Supermarkt gibt.[42] In ihrem letzten veganen Monat im Zuge des Selbstversuchs stellt Karen Duve fest, dass sie sich durchaus gut damit fühlt, ihr Leben ist stimmiger und sie übernimmt damit Verantwortung.[43] Dennoch findet sie selbst zu diesem Zeitpunkt Gegenstände in ihrer Wohnung, die dem veganen Lebensstil nicht entsprechen, was einerseits interessant, aber auch erschreckend ist. Beispiele für diese

---

[35] Vgl. ebd., S. 149.
[36] Vgl. ebd., S. 149f.
[37] Vgl. ebd., S. 156-158.
[38] Vgl. ebd., S. 171.
[39] Vgl. ebd., S. 179.
[40] Ebd., S. 187.
[41] Vgl. ebd., S. 185.
[42] Vgl. ebd., S. 180f.
[43] Vgl. ebd., S. 234.

Gegenstände, die für die meisten Menschen nicht mit Ausbeutung von Tieren in Verbindung gebracht werden würden, sind ein Hornkamm und eine Bienenwachskerze.[44]

4.5 Frutarisch

Im September und im Oktober lebt Karen Duve, zum Abschluss ihres Selbstversuchs, frutarisch, was bedeutet, dass sie noch Obst, Nüsse, Samen, Beeren, Tomaten, Bohnen und Erbsen essen darf. Wurzeln, Knollen und Stängelteile sind ausdrücklich nicht erlaubt, da bei der Entwendung dieser die Pflanze beschädigt wird.[45]

Die Umstellung zu dieser Ernährungsform gestaltet sich für die Autorin als schwierig; ebenso fällt es ihr schwer, überhaupt jemanden zu finden, der sich auf diese Art und Weise ernährt.[46] Letztendlich gelingt es ihr, über das Internet mit einem Frutarier in Kontakt zu treten, der ihr einerseits von seiner eigenen Ernährung berichtet, andererseits allerdings auch von „Prana", einer Art Lichtnahrung erzählt, womit die Autorin nicht viel anfangen kann.[47]

Typische Gerichte, die sie während dieser Zeit zu sich nimmt, sind zwei Bananen und eine halbe Melone zum Frühstück, mittags Erbsen und Tomaten in Kokosmilch und viele Äpfel zwischendurch.[48]

Karen Duve wacht nach kurzer Zeit mit dem neuen Ernährungsstil mit einem Schwindelgefühl und leichtem Pochen in den Schläfen auf. Sie vergleicht ihren körperlichen Zustand mit einem Drogenentzug und fühlt sich sehr hungrig.[49] Zwischenzeitlich fühlt sie sich sogar einmal sehr gut und schreibt von einer Energie, die sie so noch nie empfunden hatte,[50] jedoch hält dieser Zustand nicht sonderlich lange an und sie fühlt sich wieder sehr schlapp.[51]

Die Autorin versucht auch, die moralischen Beweggründe hinter dem Frutarismus nachvollziehen zu können. Sie hinterfragt, wieso die meisten Menschen der Meinung sind, dass man eine moralische Verantwortung gegenüber Pflanzen abzulehnen habe. Das Fazit ihrer Überlegungen hierzu lautet, dass, auch wenn man davon ausgehen sollte,

---

[44] Vgl. ebd., S. 241.
[45] Vgl. ebd., S. 259.
[46] Vgl. ebd., S. 259f.
[47] Vgl. ebd., S. 261f.
[48] Vgl. ebd., S. 280.
[49] Vgl. ebd., S. 265.
[50] Vgl. ebd., S. 293.
[51] Vgl. ebd., S. 306.

dass Pflanzen keinen Schmerz empfinden können, „sie doch – wie jedes andere Lebewesen auch – drei Grundlegenden Interessen [haben], und zwar: 1.) zu leben, 2.) gut zu leben, 3.) sich fortzupflanzen."[52] Dies zeigt, dass sie die moralischen Beweggründe der Frutarier nicht sofort verurteilt, sondern zumindest zum Nachdenken darüber anregen möchte.

4.6 Entscheidung nach dem Selbstversuch

Nachdem das Experiment zu den verschiedenen Ernährungsformen nach zehn Monaten nun abgeschlossen ist, versucht Karen Duve aus ihren Erfahrungen heraus zu entscheiden, wie sie in Zukunft ihr Leben und vor allem ihre Ernährung gestalten möchte. Sie legt sich dabei nicht strikt auf eine der getesteten Formen fest, sondern stellt fest, dass sie, wenn sie moralisch komplett korrekt leben wöllte, auf nach ihrem Empfinden zu viel verzichten müsste: „Ich gestehe mir ein, dass die Moral in meinem Leben nicht so einen hohen Stellenwert besitzt, wie ich mir das immer eingebildet habe. Gleichzeitig versuche ich, die Schäden, die ich anrichte, so gering wie möglich zu halten."[53]

Sie stellt sich selbst fünf Vorsätze für ihr zukünftiges Leben zusammen, die sie einerseits moralisch ausreichend befriedigen, sie aber auch nicht zu sehr beschränken. Diese Vorsätze beinhalten beispielsweise nach Möglichkeit nur noch in Bio-Läden einzukaufen,[54] nur noch höchstens 10 Prozent an Fisch, Fleisch und Milchprodukten im Vergleich zur Zeit vor dem Experiment zu sich zu nehmen[55] und allgemein weniger zu konsumieren.[56]

5. Schlussbetrachtung

Während die Vegetarierstudie der Friedrich-Schiller-Universität Jena mit ihren Statistiken einen faktischen Überblick über den Vegetarismus in Deutschland gibt, zeigt das Buch „Anständig Essen" von Karen Duve auf unterhaltsame Art und Weise verschiedenste Gründe und Argumente für und auch Probleme der angesprochenen Ernährungsformen auf.

Sicherlich wird dieses Thema noch für sehr lange Zeit Diskussionen auslösen, jedoch zeigen sowohl Studie als auch Buch, dass es in Deutschland Menschen gibt, die sich

---

[52] Ebd., S. 279.
[53] Ebd., S. 316.
[54] Vgl. ebd., S. 315.
[55] Vgl. ebd., S. 317.
[56] Vgl. ebd., S. 321.

über ihre Ernährung und deren Auswirkungen auf andere Lebewesen Gedanken machen und diese zum Teil dementsprechend umstellen. Auch aus der eingangs erwähnten buddhistischen Sicht ist dies durchaus positiv zu bewerten. Man sollte niemanden wegen seiner Ernährung, ob nun mit oder ohne Fleisch, verurteilen, sondern sich bei Interesse informieren und für sich selbst entscheiden, welche Art der Ernährung man bevorzugt.

Quellenverzeichnis

Literaturquellen:

Duve, Karen: Anständig Essen. München: Wilhelm Goldmann Verlag 2012.

Internetquellen:

http://www.ernaehrung.de/tipps/Vegetarismus/vegetarismus10.php, Stand 30.03.2015.

http://www.vegetarierstudie.uni-jena.de, Stand 30.03.2015.